Activación Mental Matutina

Activación Mental Matutina

Una práctica diaria para cultivar la autoconciencia
y el bienestar, a medida que vas dando
el siguiente paso correcto.

Sebastian Puccio, Ed.D.

Sebastián dedica este libro a quienes lo ayudaron
con amor en el camino de la vida.

Introducción

¿Qué es la activación mental matutina?

Es el proceso por el cual despiertas tu mente consciente y traes algo a tu atención general.

En pocas palabras, es poner un pensamiento en primer plano en tu mente.

El filósofo chino Lao Tzu dijo, "Cuida tus pensamientos, se convierten en tus palabras; mira tus palabras, se convierten en tus acciones; mira tus acciones, se convierten en tus hábitos; cuida tus hábitos, se convierten en tu carácter; Vigila tu carácter, se convierte en tu destino."

Entonces, todo comienza con nuestros pensamientos.

Cómo usar este libro

Cuando te enfrentas a un desafío, a menudo se busca encontrar una descarga a tierra.

Esa descarga a tierra que te ayuda a tomar el siguiente paso.

Una fuerza que nos recuerda el mayor poder que existe.

Un poder mayor que nos recordará que por muy oscuro que se vea el día, hay que confiar en que así como hay oscuridad, también hay luz.

En mi caso, esa oscuridad vino en forma de un diagnóstico avanzado de cáncer colorrectal.

Empecé a leer libros que inspiran la creatividad.

Re-leí algunas anotaciones de mi diario

Recordé las muchas lecciones de vida que aprendí mientras viajaba.

Me acordé de las personas amables que conocí mientras viajaba.

Busqué el apoyo de otros uniéndome a personas de ideas afines.

Práctico esta activación mental matutina, porque como dijo el reverendo Martin Luther King Jr., "la oscuridad no puede expulsar a la oscuridad; solo la luz puede hacer eso."

La física explica por qué se obtienen las sombras más grandes en los días más brillantes.

Sin embargo, no tenemos que entender todos los pequeños detalles para apreciar el proceso.

Con la apreciación de estas poderosas fuerzas naturales, los invito a leer el libro.

Utiliza este libro por la mañana como parte de tu rutina diaria. Si no tienes una rutina diaria establecida, considera desarrollar una.

Mientras preparas tu café o té o cocinas tu desayuno, incluye la práctica de este libro como parte de tu despertar.

Deja que esta práctica se convierta en tu activación mental matutina.

Puedes optar por leer el libro fuera de orden.

Abre el libro al azar y lee el mensaje que encuentras en la página.

También puedes optar por seguirlo secuencialmente.

Es tu elección.

Sin embargo, a lo que sí te desafío hacer, es volver a escribir el mensaje en una nota adhesiva, una hoja de papel o una tarjeta.

Coloca la nota reescrita en el refrigerador, el espejo, en tu automóvil o en cualquier otro lugar donde puedas verla fácilmente.

Lee la nota diariamente para ti mismo, todas las mañanas.

Conviértelo en una rutina.

En el lado izquierdo del libro encontrarás un mensaje.

En el lado derecho, encontrarás lo que significó el mensaje para mí cuando me encontré en momentos de oscuridad buscando la luz.

La declaración irá seguida de una pregunta para ayudarte a comprender mejor cómo se puede aplicar el mensaje en tu vida.

Vuelve a leerlo a diario.

Úsalo como recordatorio para ese día, esa semana o un mes completo.

Guarda la nota por el tiempo que sienta que este mensaje es necesario en su vida.

Repite el mensaje en tus pensamientos

Recítalo

Cantalo

Baila con el mensaje si así lo sientes

Siente el mensaje en todas partes de tu cuerpo.

Siente el mensaje donde palpas la oscuridad

A medida que se dé cuenta de cualquier pensamiento o de nuevas ideas sobre el mensaje, usa el reverso de la nota adhesiva o la tarjeta para escribir tu reflexión.

También puedes usar el espacio proporcionado en el libro para escribir tus pensamientos. Crea tu nueva perspectiva.

Repetir es amplificar

Amplifica el mensaje diariamente

Con la repetición viene la autocuración

Sabrás cuándo ya no necesitas la nota adhesiva o la tarjeta y puedes, si lo deseas, pasar a una nueva página del libro y continuar con el proceso...

... y con la nota adhesiva, puedes optar por guardarla o, decir gracias no te necesito más. Esta también es tu elección.

Activación Mental Matutina

1- No te resistas… ríndete

Me encontré luchando contra el cáncer a una edad temprana. Quería controlar lo que no podía controlar.

Esto sirvió como un recordatorio todos los días de que había cosas más allá de mi control, y para encontrar aceptación con la oscuridad a la que me enfrentaba, tenía que dejar de resistirme y rendirme.

¿Qué necesitas rendir?

este espacio es tuyo, crea algo nuevo

2- Sé amable con tus pensamientos.

Necesitaba aprender a ser consciente del lenguaje que uso cuando me describo y hablo de mí.

¿Cómo hablas de ti a los demás o a ti mismo?

3- Cambia las expectativas por la anticipación.

Las expectativas encierran las cosas, fijándose en un resultado. La anticipación permite que la energía vital fluya libremente. Esto le permite mantener la neutralidad durante todo el proceso. Mira la vida desde la perspectiva del crecimiento, la conciencia y la espera.

¿Dónde en tu vida hay expectativas que deberían transformarse en un estado de anticipación?

4- Dáte permiso para ser _____.

(¿Qué palabra necesitas para darte permiso de ser?)

Empecé a darme permiso para ser _fuerte_. Aprender con fuerza a abogar por mis necesidades de salud en lugar de seguir solamente lo que dijo el médico . Otras veces me di permiso para _escuchar_ los sabios consejos de los demás y aprender.

¿Qué necesitas darte permiso para ser?

este espacio es tuyo, crea algo nuevo

5- Sé consciente de tu espacio.

Como director de escuela, descubrí que los estudiantes y el personal estaban constantemente necesitados, necesitados de apoyo o de diálogo. Llegaba al final de la jornada laboral sin haber almorzado. Debía ser más consciente de mis límites y cuánto espacio les daba a los demás.

¿Cómo interactúas con los demás?
¿Cómo tú estableces límites saludables?

6- Auténticamente estoy creando una vida libre de estrés y llena de felicidad.

Este mensaje me recuerda la importancia de cómo elijo crear mi vida diaria. Los pequeños pasos que doy se alinean con la forma en que pretendo vivir mi vida.

¿Qué pequeñas acciones puedes tomar diariamente que cambiarán tu vida del estrés a la felicidad?

Tal vez, comienza aquí, escribiendo una nota

7- Ten autocompasión radical en tu relación contigo mismo.

Fui muy duro conmigo mismo mientras me sometía a la quimioterapia. A veces, obligué a mi cuerpo a hacer las cosas que quería en lugar de hacer lo que necesitaba. Lo hice porque pensé que lo mejor era seguir como si nada malo hubiese ocurrido.

Necesitaba aprender a ser compasivo conmigo mismo.

¿Cómo muestras compasión por ti mismo?

8- Soy atraído no manejado

Crecí pensando que empujar mi carrera
era muy importante. Y luego me enfermé.
Continué girando en la rueda de hámster de mi
carrera mientras una furiosa batalla sucedió
en mi cuerpo. Hasta que me di cuenta que eso
no llevaba a nada, y decidí bajarme de la rueda.
Entonces comencé a sentirme atraído por una
vida de felicidad y libre de estrés.

¿Piensa lo que en tu vida te está impulsando?
¿Es saludable y es para un bien mayor?

9- Estoy creando mi salud óptima, bienestar y conciencia en todo momento.

Qué maravilloso se siente cuando te das cuenta
de que cada acción que tomamos en la vida
nos lleva por un camino en el que nos sentimos
saludables y felices.

¿Qué pequeños pasos puedes tomar
diariamente para crear tu salud, bienestar y
conciencia óptima?

10- Dónde enfoco mi atención eso crece

Pongo toda mi atención en la salud, el amor, la felicidad y la compasión.

¿Dónde está tu atención diaria? ¿Tu salud o tu trabajo? ¿Tu familia o tus clientes?

11- Mi atención es un regalo

Pasamos tantas horas de nuestro
día concentrados en cosas triviales.
Desperdiciamos un regalo precioso, en lugar de
compartirlo con quienes más nos importan.

12- ¿Dónde estoy poniendo mi atención?

Una vez que entendí el precioso regalo que es
mi atención, comencé a reconocer las áreas
donde estaba colocada incorrectamente.
Al reconocer esto en mí mismo, comencé
a cambiar activamente esos patrones de
comportamiento.

¿Qué áreas requieren cambiar tu atención?

13- Si hubiese tenido ese conocimiento, lo habría hecho mejor

Elijo actuar todos los días con compasión conmigo mismo y perdonarme por lo que no sabía. No puedo cambiar el pasado, pero puedo aprender hoy, aumentar mi conciencia, tomar acción y seguir adelante.

¿Te has perdonado a ti mismo?

14- Actúo para aumentar mi conciencia. Reconociendo estas invitaciones inmediatamente.

En esos momentos donde se "te prende la luz" y reconoces un patrón en ti mismo que no es útil, es muy enriquecedor. Tan pronto como me encontraba en un patrón que no era útil, lo escribía. Luego, a través de la escritura, me recordaría a mí mismo esta nueva conciencia.

¿Cuáles son las áreas de tu vida en las que estás trabajando para saber cómo hacerlo mejor?

15- Elijo el amor y la gratitud aun cuando me hallo en un estado de intensas emociones humanas.

Pasar por el tratamiento del cáncer no fue un paseo por el parque. Me dolió. Estaba asustado. Pero incluso en la oscuridad, elegí estar agradecido. No podía ver la luz, pero sabía que estaba allí.

¿Cómo muestras gratitud en la oscuridad?

16- Estoy con gente que me celebra, no que me tolera.

Pensaba que tenía que trabajar con gente
y mantener ciertas amistades aunque no
celebraban quien soy. Hubo personas que no
aparecieron cuando más las necesitaba. Y tuve
que aprender que estaba bien dejar que algunas
relaciones se desvanecieran.

¿Quién te celebra?

17- No dudes en la oscuridad lo que se te ha mostrado en la luz

Había hecho un viaje a Bali hace muchos años y aprendí algunas cosas importantes sobre mí. Mientras enfrentaba el cáncer, no me podía imaginar que lo que había aprendido no se convertiría en realidad. Aprendí algo hermoso. Tenía que creer que todavía estaba allí. Incluso cuando tenía miedo y dolía, creía que el sueño era real.

¿Qué se te mostró en la luz?

18- Vivo en quietud interior.

Quietud... He llegado a amar esta palabra. No significa ser perezoso y no trabajar. Significa hacer lo que tienes que hacer sin sacrificar tu vida.

¿Dónde necesitas encontrar quietud interior?

19- Puedo relajarme sabiendo que estoy haciendo mi parte y permitir que los demás hagan la suya

Control, control, control, no más.
Sal de tu propio camino y deja que la vida se
desarrolle.

¿Qué es lo que te corresponde ser, tener o hacer?

¿Qué es lo que te corresponde rendir?

este espacio es tuyo, crea algo nuevo

20- Yo afirmo que el 100% de mi persona brilla con un potencial infinito en todas circunstancias y eventos.

Este era mi recordatorio diario, cuando me sentía físicamente débil. Soy más que este cuerpo físico.

¿Cómo brillas?

21- ¡Estás envuelto en amor!

En uno de mis peores momentos, mientras
yo vomitaba debido al tratamiento de
quimioterapia, mi perro descansaba su cabeza
sobre mis piernas.

Estaba envuelto en amor.

Mira a tu alrededor, ¿ves amor?

22- Me doy cuenta, soy consciente.

Esta frase fue una de las primeras notas
que escribí para mí. En retrospectiva, fue el
comienzo para darme cuenta de lo que siempre
había estado allí.

Cierro los ojos y... ¿de qué me doy cuenta ahora?

este espacio es tuyo, crea algo nuevo

23- No deseo, pretendo

Desear me hizo anhelar un tiempo más fácil, que ahora estaba en el pasado. Pretender permite la anticipación, en otras palabras que la energía de la vida fluya. Sabiendo que el resultado no es fijo, sino aceptar que está en el fluir de la vida.

¿Qué pretendes?

este espacio es tuyo, crea algo nuevo

24- Permito que lo que me pertenece, entre a mi vida

Al enfrentarme a una cirugía inmine[...]
la bienvenida a todo lo que es mío. Le do[...]
bienvenida al amor, alegría, salud, y felici[...]

te, doy
la
ad.

25- Permito que lo que no me pertenece, salga de mi vida

Al enfrentarme a una cirugía inminente,
permito que lo que no me pertenece, salga de
mi vida. Permito que la tristeza, ira, depresión,
mala salud, se vayan.

¿Qué quieres que se vaya de tu vida?

este espacio es tuyo, crea algo nuevo

26- Lo que opinan otros de mi no es mi negocio

¿Qué pensarán de mí la gente en el trabajo, la escuela, los grupos sociales, las organizaciones, los familiares, etc.?

¿De mi enfermedad?

Mi incapacidad para ir a trabajar algunos días.

¿Mi estatus?

¡A quién le importa! ¡Sus opiniones no es mi negocio!

¿En qué áreas de tu vida necesitas decirte a ti mismo, a quién le importa lo que piensen?

este espacio es tuyo, crea algo nuevo

27- Todas las cosas me ayudan a bien cuando las recibo con gratitud, neutralidad y anticipación.

Aprendí a sentirme agradecido, en medio de la oscuridad, manteniendo una actitud neutral, donde simplemente fui un observador del proceso.

Finalmente, permiti que la situación se desarrolle libre de expectativas.

Todo esto contribuyó a sentirme en paz.

¿Cómo puedes ver a la oscuridad que estás atravesando como el reflejo de una poderosa luz?

28- ¿Si tuvieras 120 años hoy, qué te dirías?

Eres tan hermoso.
Eres muy amable.
Eres una persona de luz.
Estás lleno de amor.
Sigue compartiéndolo con el mundo.

¿Qué dirías tú?

este espacio es tuyo, crea algo nuevo

29- Elijo estar en estado de gratitud

Cuando me enteré que tenía que operarme
después de haberme hecho quimioterapia y
radiación con la esperanza de que el cáncer
desapareciera, yo estaba triste, enojado, y
en mi punto anímico más bajo. Pero incluso
entonces, a través de mis lágrimas, que
continuaron mientras escribía esto, elegí estar
agradecido. Incluso a través de
la oscuridad y los desafíos que se avecinan,
elijo estar en un estado de gratitud.

¿Por qué eliges estar agradecido?

este espacio es tuyo, crea algo nuevo

30- La gratitud me sana y también a otros.

En uno de mis últimos días de trabajo antes de la cirugía, creamos un muro de agradecimiento. Colocamos notas en los pizarrones de anuncios expresando gratitud unos por otros.

¿Cómo puedes expresar tu gratitud hoy?

este espacio es tuyo, crea algo nuevo

El Autor

Sebastian Puccio, Ed.D. es un educador, escritor y orador argentino-estadounidense. Se mudó a los Estados Unidos a la edad de 11 años y creció en el sur de California. El Dr. Puccio ha sido un maestro, profesor y administrador en escuelas públicas de California. Su pasión por diferentes culturas y los viajes lo han llevado a muchos destinos en todo el mundo. Aunque fue el diagnóstico de cáncer colorrectal lo que lo llevó por un nuevo camino en la vida. A través de sus escritos continúa compartiendo su amor y pasión sobre cómo entendernos los unos a los otros y a uno mismo.

El Illustrador

Eduardo J. Aguilar es un artista hondureño estadounidense que creció en el sur de California. Eddie, como lo llaman sus amigos, se mudó a los Estados Unidos a la edad de 4 años y experimentó el proceso de aculturación por el que pasan todos los inmigrantes. Su pasión por el arte viene de su padre, quien desde temprana edad lo expuso a las galerías. Eddie recuerda haber visitado el Museo Norton Simon en Pasadena cuando era muy joven. Esta visita le dejó un tremendo impacto y comenzó su amor por el dibujo y la pintura. Con el tiempo se conectó con otros artistas y ha seguido construyendo su talento. Espera que sus propios hijos aprendan a usar el arte como un medio de expresión personal.

ISBN: 9798856876696
Pie de imprenta: Impreso de forma Independiente

Editor: Sebastián Puccio, Ed.D.
Director de arte: Heber Siqueiros, Jupiter Line Studio
Traducción: Sebastián Puccio, Ed.D. & Marta T. Puccio